白いシャツを一枚、
縫ってみませんか？

伊藤まさこ

筑摩書房

はじめに

朝は早起きをして工房に向かい、まずはカーテンを開けて遠くの空の様子をぼんやり眺めながら一日の段取りを考える。
火にかけたやかんからしゅんしゅんと湯気が立ちはじめる頃には仕事に向かう心構えもととのって、昨日途中までやりかけたシャツの仕上げにとりかかる。あともう少しでお客様が来るのだ。仕立て上がったシャツを見てもらうのはいつもちょっと緊張が走る。着心地はどうか。思った通りの仕上がりになったか。特別な日に着てもらえるのもうれしいけれど、まるでその人の身体の一部のような服が作れたらもっとうれしい。
初めてのお客様にはまず白いシャツの仕立てをお薦めすることにしている。白はその人の内面を表す色だからというのがその理由。仕立てる側にとっては着る人の気持ちにできる限り添いたいと思うのだけれど、そんな時に白は手助けをしてくれるような気がするのだ。着る人と縫う人との距離を縮めてくれる、白はそんな色なのだと私は思っている。
……きっと私が仕立て屋になったら毎日こんな風に過ごして、こんなことを考えるのではないかと思うのです。それは夢でしかないことだけれど、縫いものをする時の気持ちはいつだってこんな風。だれかのために縫う時も、また、自分のために縫う時でも。

目次

はじめに	3	
1a　Vネックシャツ【ショート】	10	（作り方→52）
1b　Vネックシャツ【チュニック】	13	（作り方→50）
1c　Vネックシャツ【うしろリボン】	14 / 16	（作り方→53）
2a　プルオーバーシャツ【スタンダード／リネンツイード】	17	（作り方→58）
2a　プルオーバーシャツ【スタンダード／花刺しゅうのコットン】	19	（作り方→60）
2b　プルオーバーシャツ【ショート／織模様のコットン】	21	（作り方→62）
2b　プルオーバーシャツ【ショート／洗いざらしのコットン】	22	（作り方→63）
3　ピンタック・ノースリーブシャツ【薄手のコットン】	23 / 24	（作り方→57）
3　ピンタック・ノースリーブシャツ【コットン】	25	（作り方→55）
4a　ブラウジングシャツ【二重仕立て】	27	（作り方→66）
4b　ブラウジングシャツ【一重仕立て】	28	（作り方→64）
5　衿つきシャツ	29	（作り方→68）
6　タックプリーツシャツ	32	（作り方→70）
7a　ノースリーブシャツ【タックプリーツ】	36 / 42	（作り方→74）
7b　ノースリーブシャツ【花刺しゅうのコットン】	37	（作り方→72）
7c　ノースリーブシャツ【フリル】	40	（作り方→75）
8　ギャザースリーブシャツ	43	（作り方→76）
キャミソール	45	（作り方→78）
作り方	49	

1a Vネックシャツ【ショート】
作り方→ p. 52

1b Vネックシャツ【チュニック】

作り方→ p. 50

1c Vネックシャツ【うしろリボン】
作り方→p.53

1c Vネックシャツ【うしろリボン】

2a プルオーバーシャツ【スタンダード／リネンツイード】
作り方→ p. 58

2a プルオーバーシャツ【スタンダード／花刺しゅうのコットン】

2b プルオーバーシャツ【ショート／織模様のコットン】
作り方→p. 62

2b プルオーバーシャツ【ショート／洗いざらしのコットン】
作り方→ p. 63

3 ピンタック・ノースリーブシャツ【薄手のコットン】

作り方→ p.57

3 ピンタック・ノースリーブシャツ【薄手のコットン】

3 ピンタック・ノースリーブシャツ【コットン】

作り方→ p. 55

4a ブラウジングシャツ【二重仕立て】
作り方→ p. 66

4b ブラウジングシャツ【一重仕立て】
作り方→ p. 64

5 衿つきシャツ

作り方→ p.68

6 タックプリーツシャツ

作り方→ p. 70

7a ノースリーブシャツ【タックプリーツ】

作り方→ p. 74

7b ノースリーブシャツ【花刺しゅうのコットン】

作り方→ p. 72

7c ノースリーブシャツ【フリル】

作り方→ p. 75

7a ノースリーブシャツ【タックプリーツ】

8 ギャザースリーブシャツ

作り方→ p. 76

キャミソール

作り方→ p. 78

作り方

パターンを写す:
作りたい作品が決まったら、実物大パターンの各パーツをハトロン紙など下が透けて
見える紙に写しとります。線を間違えないように確認してから始めてください。
パターンには縫い代が含まれていません。本文の裁ち合わせ図を見て、縫い代を
つけて裁断してください。

サイズについて:
この本の作品は、9号と11号の2サイズで展開しています。

	9号	11号
バスト	83	87
ウエスト	64	67
ヒップ	90	93

単位はcm

布の扱い:
リネンは洗うと縮むので、あらかじめ水通しをして、布耳に対して直角になるように
布の歪みをアイロンで整えて地直ししてください。
白い布の印つけには、ヘラや必ず色が消えるタイプのチャコペンを使いましょう。
合印やあき止まり位置なども印をつけます。白い布を使うときは、とくに手やミシン
まわりをきれいにしておくのを忘れずに。

ミシンがけ:
縫い始める前に必ずミシンの調子を確認してください。余り布を二重にして縫い、
ミシンの針目の大きさや糸調子をチェックします。縫い始めと縫い終わりは返し縫い
をして縫い目を補強します。ミシンをかけたら、こまめにアイロンがけをして整える
のも美しく仕上げるコツです。

＊イラスト中の数字の単位はcmです。
＊この本ではCHECK & STRIPE（以下C&S）の生地幅で説明しますが、ほかの布
　を使う時には生地幅に注意して裁断してください。

1b
Vネックシャツ
【チュニック】

襟ぐりのラインが首を
すっきり美しく見せてくれるデザインです。
素足にサンダル、麦わら帽子。
夏にさらりと着たい一枚。
◎難しいテクニックがいらないので初心者におすすめ。

Photo p.13
実物大パターンＡ面

〈出来上がり寸法〉 ※左から9・11号サイズ

バスト…101・105cm
着丈…88・88.5cm
袖丈…52.5・52.8cm

〈材料〉 ※9・11号サイズ共通
C&Sリネン（ホワイト）…110cm幅200cm
接着芯…ヨコ60cm×タテ30cm
伸び止め接着テープ…12mm幅80cm

〔作り方順序〕
下準備　身頃の脇と袖下の縫い代にジグザグミシンを
　　　　かけておく
　　　＊身頃の脇はスリット止まりまで
1　身頃と衿ぐり見返しの肩を縫う
2　衿ぐりの始末をする
3　脇を縫う
4　袖を作り、身頃につける
5　裾の始末をする

〔裁ち合わせ図〕
※指定以外の縫い代は1cm
※▒▒は接着芯を貼る位置
※▓▓は接着テープを貼る位置

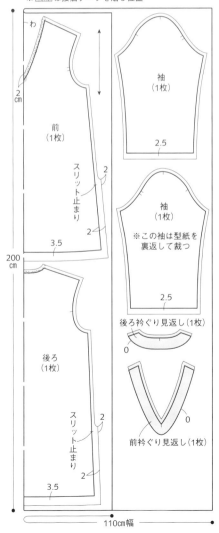

1. 身頃と衿ぐり見返しの肩を縫う

3. 脇を縫う

4. 袖を作り、身頃につける

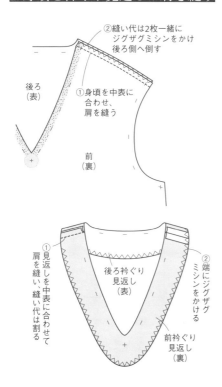
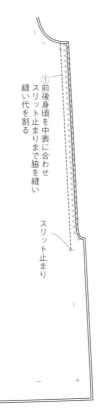
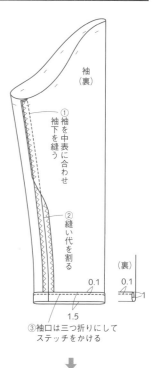

2. 衿ぐりの始末をする

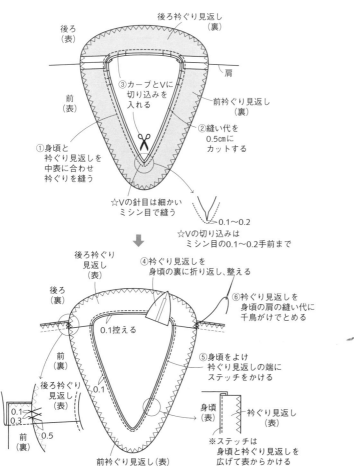

5. 裾の始末をする

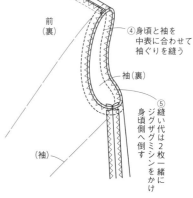
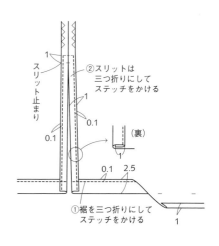

1a
Vネックシャツ
【ショート】

ノーアクセサリーで、
または小さめのパールのピアスをつけても。
いずれにしてもシンプルに。
◎使用するコットンリネンはとても縫いやすい布です。

Photo p.10
実物大パターンＡ面

〈出来上がり寸法〉 ※左から9・11号サイズ

バスト…101・105cm

着丈…60・60.5cm

袖丈…52.5・52.8cm

〈材料〉 ※9・11号サイズ共通

C&Sコットンリネンレジェール（ホワイト）
　…105cm幅150cm

接着芯…ヨコ60cm×タテ30cm

伸び止め接着テープ…12mm幅80cm

〔作り方順序〕

1　身頃と衿ぐり見返しの肩を縫う
2　衿ぐりの始末をする
3　身頃に袖をつける
4　袖下、脇を続けて縫う
5　袖口、裾の始末をする

＊　作り方1と2はp.51の1と2、作り方3～5はp.54の
　　3～5を参照

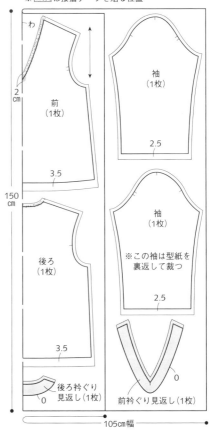

1c
Vネックシャツ
【うしろリボン】

うしろ姿に色気を少々。
リボンは蝶々結びにしても。
また、ラフに結んでも。
◎ひも作りが難しい方は、市販のリボンを使用してもOK。

Photo p.14, 16
実物大パターンA面

〈出来上がり寸法〉 ※左から9・11号サイズ

バスト…101・105cm

着丈…87.7・88.2cm

袖丈…52.5・52.8cm

〈材料〉 ※9・11号サイズ共通

C&Sコットンローンsweets（ホワイト）…110cm幅200cm

接着芯…ヨコ60cm×タテ30cm

伸び止め接着テープ…12mm幅80cm

〔作り方順序〕

1 身頃と衿ぐり見返しの肩を縫う
　（→p.51作り方1参照）

2 ひもを作り、衿ぐりの始末をする

3 身頃に袖をつける

4 袖下、脇を続けて縫う

5 袖口、裾の始末をする

〔裁ち合わせ図〕
※指定以外の縫い代は1cm
※ひもは図に示した寸法（縫い代込み）で裁つ
※　　は接着芯を貼る位置
※　　は接着テープを貼る位置

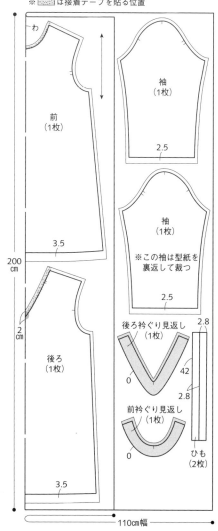

2. ひもを作り、衿ぐりの始末をする

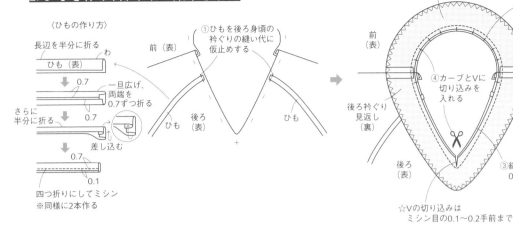

3. 身頃に袖をつける

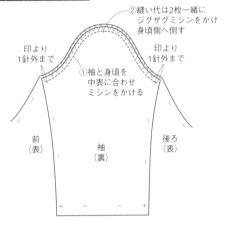

4. 袖下、脇を続けて縫う

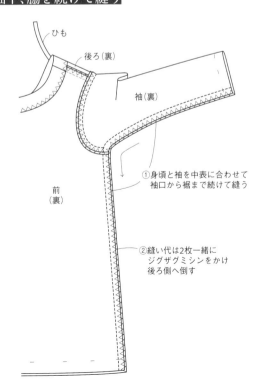

5. 袖口、裾の始末をする

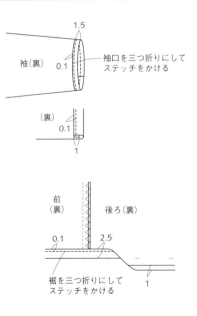

3

ピンタック・ノースリーブシャツ【コットン】

少しハリのあるコットンで仕立てたシャツは
洗いざらしのままデニムやスニーカーと合わせて。
◎厚手のコットンは、衿ぐりと袖ぐりを市販のバイアステープで始末します。

Photo p.25
実物大パターンA面

〈出来上がり寸法〉 ※左から9・11号サイズ

バスト（タック分除く）…95・99cm

着丈…62.5・63cm

〈材料〉 ※9・11号サイズ共通

C&S洗いざらしのハーフリネンダンガリー（ホワイト）
　…110cm幅 140cm

伸び止め接着テープ…9mm幅 1m70cm

バイアステープ（両折タイプ／ホワイト）
　…12.7mm幅 1m60cm

〔作り方順序〕

下準備　肩と脇の縫い代にジグザグミシンをかけておく

1　タックを縫う
2　肩を縫う
3　衿ぐり、袖ぐりをバイアステープで始末する
4　脇を縫う
5　裾の始末をする
6　衿ぐり、袖ぐりのバイアステープを裏側に固定する

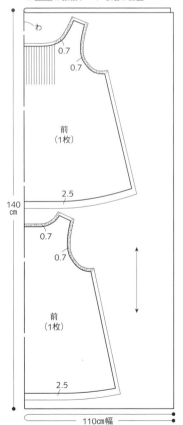

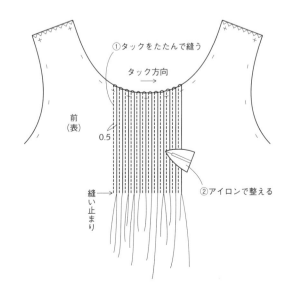

1. タックを縫う

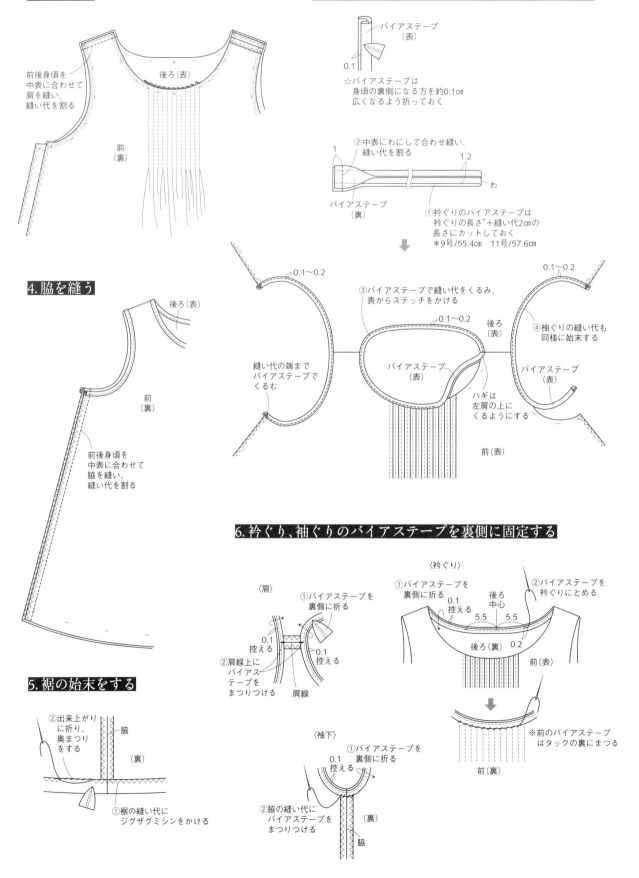

3
ピンタック・ノースリーブシャツ【薄手のコットン】

夏の朝、シャワーを浴びたての身体にまといたい一枚。
光に透けた様子が美しい薄手のコットンで仕立てます。
◎薄手の布は衿ぐりと袖ぐりを共布のバイアス布で始末し、ステッチで押さえます。

Photo p.23, 24　実物大パターンA面

〈材料〉　※9・11号サイズ共通

コットンローズペタル（ホワイト）…110cm幅150cm

伸び止め接着テープ…9mm幅1m70cm

〔作り方順序〕

1　タックを縫う（→p.55作り方1参照）

2　肩を縫う（→p.61作り方1参照）

3　脇を縫う（→p.61作り方4参照）

4　衿ぐり、袖ぐりをバイアス布で始末する

5　裾の始末をする

〔裁ち合わせ図〕
※指定以外の縫い代は1cm
※袖ぐりバイアス布、衿ぐりバイアス布は図に示した寸法で裁つ
※ は接着テープを貼る位置

4.衿ぐり、袖ぐりをバイアス布で始末する

5.裾の始末をする

裾を三つ折りにして
ステッチをかける

2a
プルオーバーシャツ
【スタンダード／リネンツイード】

ありそうでなかなかないウエスト丈は、スカートにも、パンツにも。一枚あるとコーディネートの幅が広がります。

◎透けない布なら衿ぐりを見返し仕立てにできるので、初心者におすすめ。

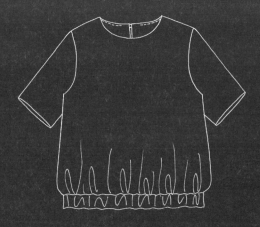

Photo p.17
実物大パターンA面

〈出来上がり寸法〉　※左から9・11号サイズ
バスト…102・106cm
着丈…57・57.5cm
袖丈…25.2・25.5cm

〈材料〉※9・11号サイズ共通
リネンツイル ホワイト…150cm幅110cm
接着芯…ヨコ30cm×タテ30cm
伸び止め接着テープ…12mm幅60cm
ゴムテープ…4cm幅を9号は87cm・11号は91cm
ボタン…直径1cmを1個

〔作り方順序〕
下準備　肩、脇、袖下、袖口にジグザグミシンをかけておく
1　身頃と衿ぐり見返しの肩を縫う
2　衿ぐりの始末をする
3　脇を縫う
4　袖を作り、身頃につける
5　ウエストベルトを作り、見頃につける
6　糸ループを作り、ボタンをつける

1. 身頃と衿ぐり見返しの肩を縫う

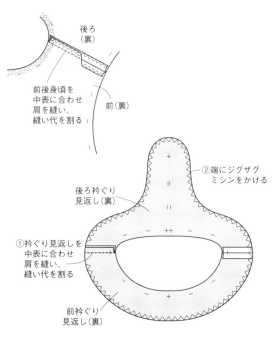

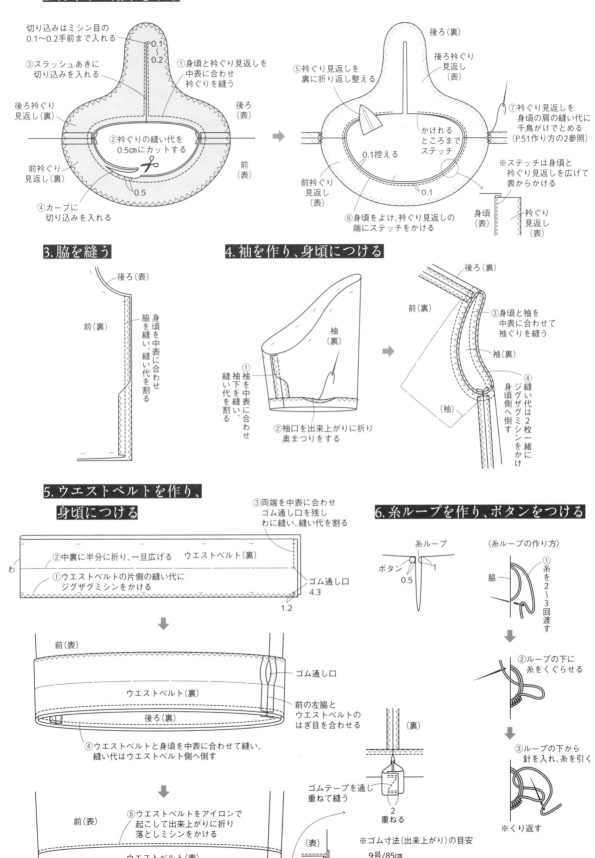

2a
プルオーバーシャツ
【スタンダード／花刺しゅうのコットン】

袖の花刺しゅうが可憐な一枚は、花を主役にすべて白でコーディネートします。軽やかに着たい一枚。

◎袖は、花の刺しゅうの位置を確認しながら一枚ずつ裁断します。

Photo p.19
実物大パターンA面

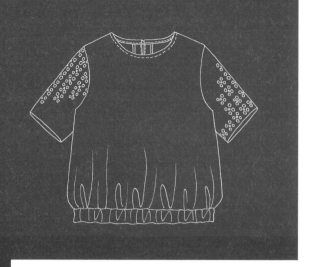

〈出来上がり寸法〉 ※左から9・11号サイズ

バスト…102・106cm

着丈…57・57.5cm

袖丈…25.2・25.5cm

〈材料〉 ※指定以外は9・11号サイズ共通

身頃：C&S海のブロード（ホワイト）…110cm幅130cm

袖：C&Sコットンプルメリア（ホワイト）
　…105cm幅（有効幅98cm）40cm

接着芯…ヨコ10cm×タテ20cm

伸び止め接着テープ…9mm幅60cm

バイアステープ（両折タイプ／ホワイト）
　…12.7mm幅40cm

ゴムテープ…4cm幅を9号は87cm・11号は91cm

ボタン…直径1cmを1個

〔作り方順序〕

下準備　袖下、袖口の縫い代にジグザグミシンをかけておく

1　身頃の肩を縫う
2　スラッシュあきを縫う
3　衿ぐりの始末をする
4　脇を縫う
5　袖を作り、身頃につける（→p.59作り方4参照）
6　ウエストベルトを作り、身頃につける
7　糸ループを作り、ボタンをつける
　（→p.59作り方6参照）

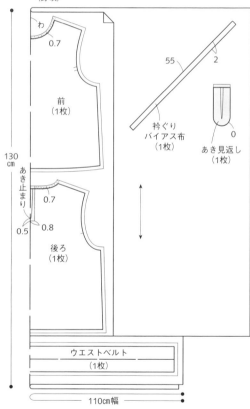

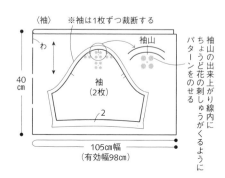

1. 身頃の肩を縫う

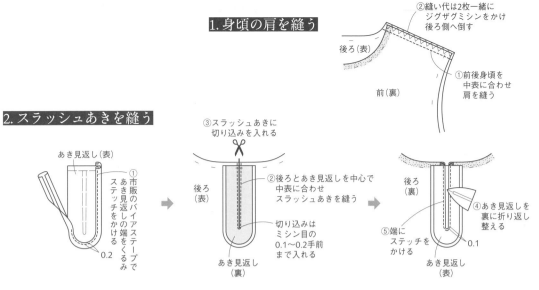

2. スラッシュあきを縫う

3. 衿ぐりの始末をする

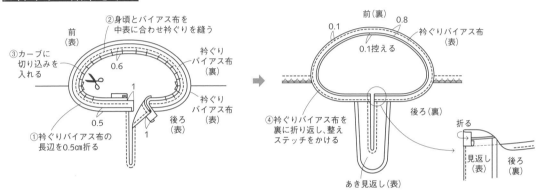

4. 脇を縫う

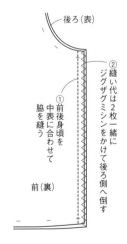

6. ウエストベルトを作り、身頃につける

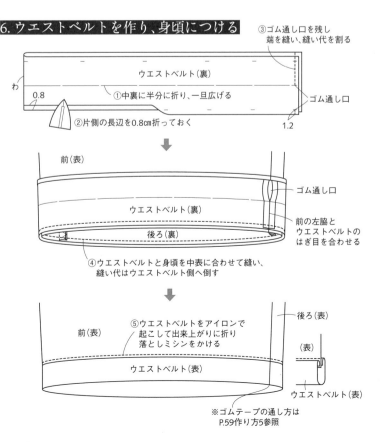

※2のプルオーバーシャツ4点は、布の厚みや透け具合によって衿ぐり始末やウエストベルトの縫い方を変えています。薄手の透ける布の場合はこのページを、厚手の透けにくい布は、2aのリネンツイードを使った作り方(p.58-59)を参考にしてください。

2b
プルオーバーシャツ
【ショート／織模様のコットン】

織模様の入った布で仕立てたシャツは
コーディネートによってカジュアルにも、
また少し改まった席にも。

◎高級感のある厚手の生地なら、
　衿ぐりや袖口にステッチを見せない仕立てで。

Photo p.21
実物大パターン A面

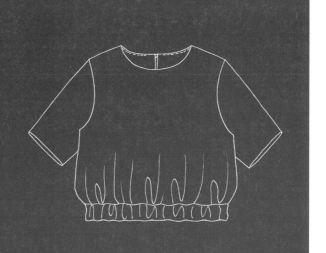

〈出来上がり寸法〉 ※左から9・11号サイズ

バスト…102・106cm

着丈…47・47.5cm

袖丈…25.2・25.5cm

〈材料〉

コットンポワンブラン
　…108cm幅(有効幅106cm)を9号は120cm・11号は150cm

接着芯…ヨコ30cm×タテ30cm

伸び止め接着テープ…12mm幅60cm

ゴムテープ…4cm幅を9号は75cm・11号は79cm

ボタン…直径1cmを1個

〔作り方順序〕

下準備　肩、脇、袖下、袖口の縫い代にジグザグミシ
　　　　ンをかけておく

1　身頃と衿ぐり見返しの肩を縫う
2　衿ぐりの始末をする
3　脇を縫う
4　袖を作り、身頃につける
5　ウエストベルトを作り、身頃につける
6　糸ループを作り、ボタンをつける

＊丈は異なりますが、作り方はp.58–59と同じ

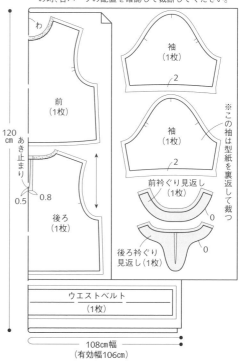

2b
プルオーバーシャツ
【ショート／洗いざらしのコットン】

衿の開き具合や袖丈がほんの少しクラシカル。髪をすっきりまとめ、背筋を伸ばして着たい。

◎透け感のある薄い布で作るシャツの衿ぐりは、バイアス布の縁どり始末に。

Photo p.22
実物大パターンA面

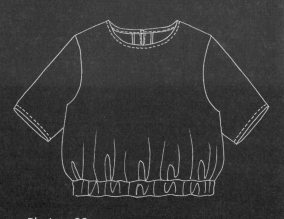

〈出来上がり寸法〉 ※左から9・11号サイズ

バスト…102・106cm

着丈…47・47.5cm

袖丈…25.2・25.5cm

〈材料〉

C&Sコットンパピエ（ホワイト）…105cm幅を9号は120cm・11号は150cm

接着芯…ヨコ10cm×タテ20cm

伸び止め接着テープ…9mm幅60cm

バイアステープ（両折タイプ／ホワイト）…12.7mm幅40cm

ゴムテープ…4cm幅を9号は75cm・11号は79cm

ボタン…直径1cmを1個

〔作り方順序〕

1 身頃の肩を縫う
2 スラッシュあきを縫う
3 衿ぐりの始末をする
4 脇を縫う
5 袖を作り、身頃につける
6 ウエストベルトを作り、身頃につける
7 糸ループを作り、ボタンをつける

*作り方は袖の縫い代の始末以外、全てp.60-61と同じ

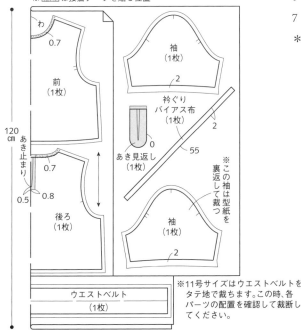

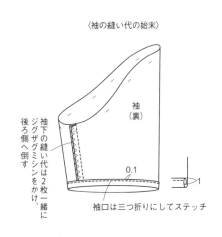

4b
ブラウジングシャツ
【一重仕立て】

身体を動かすたびに違う表情を見せるシャツ。
微妙な袖ぐりのデザインが腕を美しく見せます。
◎肩のタックは手で縫いとめるので、とても簡単。

Photo p.28
実物大パターン A 面

〈出来上がり寸法〉 ※左から9・11号サイズ

バスト…94・98cm

着丈…56.5・57cm

〈材料〉 ※9・11号サイズ共通

力織機で織ったコットン(ホワイト)…110cm幅1m30cm

伸び止め接着テープ…9mm幅1m70cm

バイアステープ(両折タイプ/ホワイト)
　…12.7mm幅1m60cm

ゴムテープ…5mm幅を9号は77cm・11号は81cm

〔作り方順序〕

下準備　肩と脇の縫い代にジグザグミシンをかけておく

1　肩を縫い、タックをたたむ
2　衿ぐり、袖ぐりをバイアステープで始末する
3　脇を縫う(→p.56作り方4参照)
4　衿ぐり、袖ぐりのバイアステープを裏側に固定する
5　裾を縫い、ゴムテープを通す

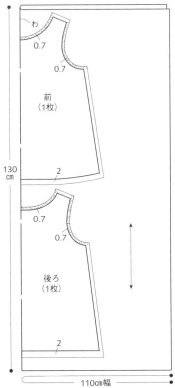

〔裁ち合わせ図〕
※指定以外の縫い代は1cm
※ ▨ は接着テープを貼る位置

1. 肩を縫い、タックをたたむ

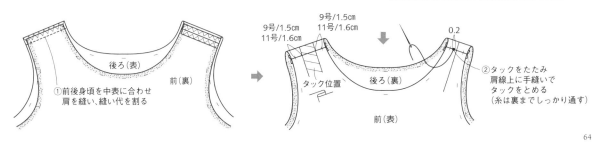

2. 衿ぐり、袖ぐりをバイアステープで始末する

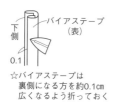
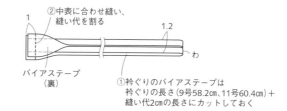
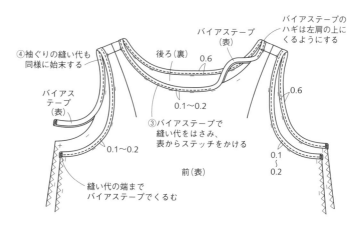

4. 衿ぐり、袖ぐりのバイアステープを裏側に固定する

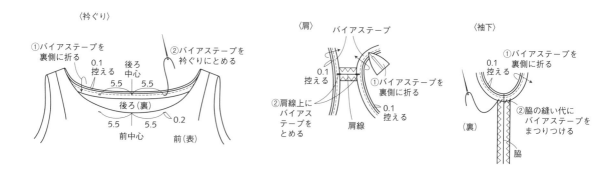

5. 裾を縫い、ゴムテープを通す

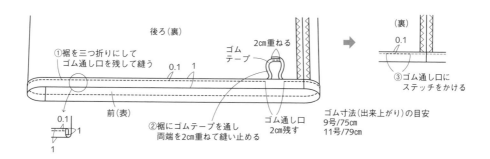

4a
ブラウジングシャツ【二重仕立て】

透ける布を重ねた一枚。
同じ形でも素材を変えると表情も変わるもの。
だから縫いものはたのしい。
◎透けてもきれいに見えるように表側の布の肩と脇を袋縫いにします。

Photo p.27
実物大パターンＡ面

〈出来上がり寸法〉4bと同じ

〈材料〉 ※9・11号サイズ共通
ベース：C&S海のブロード（ホワイト）
　…110cm幅1m30cm
トップ：コットンオーガンジー（ホワイト）
　…110cm幅1m30cm
バイアステープ（両折タイプ／ホワイト）
　…12.7mm幅1m60cm
ゴムテープ…5mm幅を9号は77cm、11号は81cm

〔作り方順序〕
下準備　ベースの肩と脇の縫い代にジグザグミシンを
　　　　かけておく
1　ベースの肩と脇を縫う
2　トップの肩と脇を縫う
3　ベースとトップを中裏で重ね、肩のタックをたたむ
　　（←p.64作り方1参照）
4　衿ぐり、袖ぐりをバイアステープで始末する
5　衿ぐり、袖ぐりのバイアステープを裏側に固定する
　　（←p.65作り方4参照）
6　裾を縫い、ゴムテープを通す（←p.65作り方5参照）

＊布違いのシャツを2枚作り、衿ぐり、袖ぐり、裾で
　まとめて二重に仕立てます

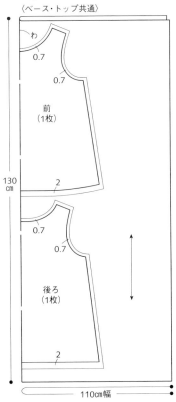

〔裁ち合わせ図〕
※指定以外の縫い代は1cm
〈ベース・トップ共通〉

1. ベースの肩と脇を縫う

2. トップの肩と脇を縫う

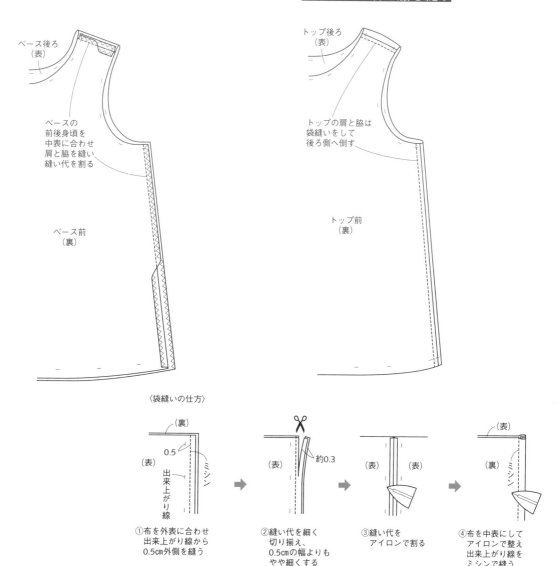

4. 衿ぐり、袖ぐりをバイアステープで始末する

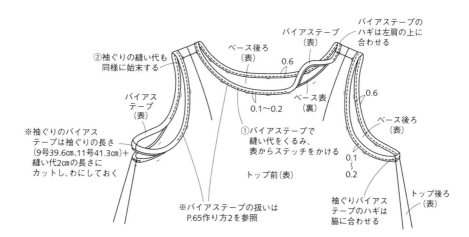

5 衿つきシャツ

リネンの布をたっぷり使ったシャツ。
衿をほんの少しくしゃっとさせたり、
袖口をまくったり。
◎工程が多くやや難しいので、洋裁に慣れた方に。

Photo p.29　実物大パターンB面

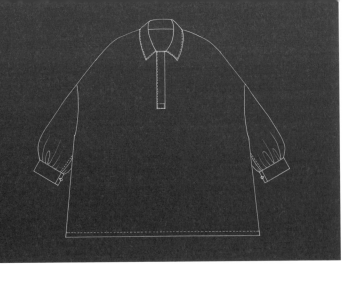

〔裁ち合わせ図〕
※指定以外の縫い代は1cm
※ □ は接着芯を貼る位置

〈出来上がり寸法〉
※左から9・11号サイズ
バスト…150・150cm
着丈…71.5・72cm
ゆき丈…75・75cm

〈材料〉　※9・11号サイズ共通
C&S天使のリネン（ホワイト）
　　…100cm幅 250cm
接着芯…90cm幅×タテ70cm
ボタン…直径10mmを2個

〔作り方順序〕
1　身頃に前立てをつける
2　肩を縫う（←p.51作り方1参照）
3　衿を作り、つける
4　袖をつける
5　袖下、脇を続けて縫う
6　カフスを作り、つける
7　裾の始末をする
　（←p.57作り方5参照）
8　カフスにボタンホールをあけ、
　ボタンをつける（←型紙参照）

1. 前立てをつける

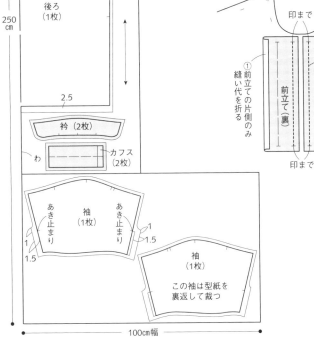

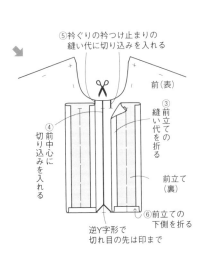

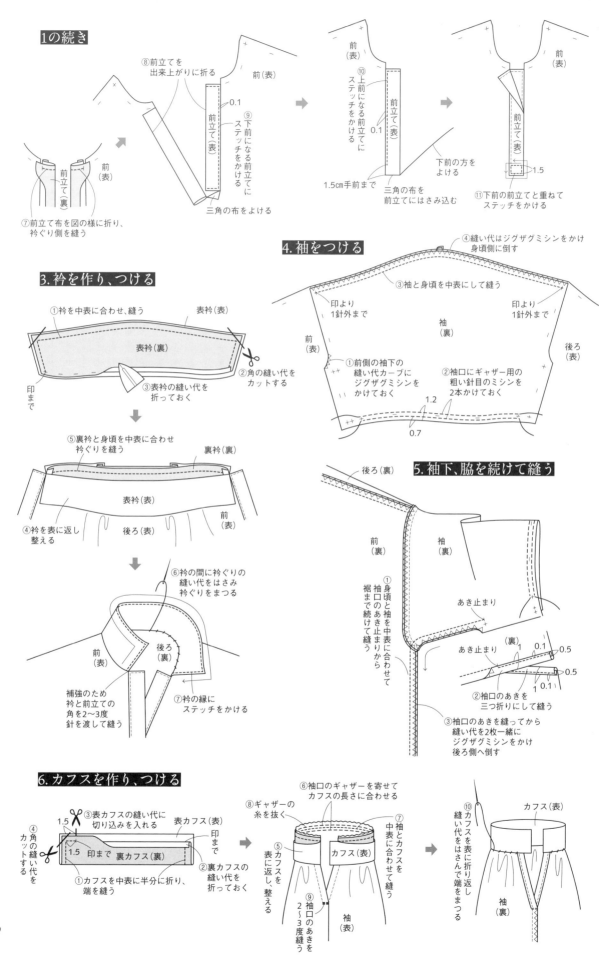

6
タックプリーツシャツ

首もとと背中にタックプリーツを入れて、
緩やかなラインに仕上げました。
着心地がよく、袖を通すのが楽しい、
そんな一枚。
◎プリーツは正確にぴったりと折ることが大切です。

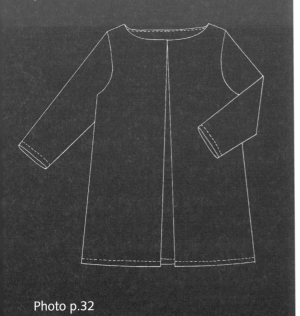

Photo p.32
実物大パターンB面

〈出来上がり寸法〉 ※左から9・11号サイズ

バスト（タック分除く）…102.4・106.4cm

着丈…76・76.5cm

袖丈…45.2・47.5cm

〈材料〉 ※9・11号サイズ共通

C&Sコットンパピエ（ホワイト）…105cm幅230cm

接着芯…ヨコ40cm×タテ30cm

伸び止め接着テープ…12mm幅80cm

〔作り方順序〕

1 プリーツをたたむ
2 身頃と衿ぐり見返しの肩を縫う
3 衿ぐりの始末をする
4 身頃に袖をつける（→p.54作り方3参照）
5 袖下、脇を続けて縫う（→p.54作り方4参照）
6 袖口、裾の始末をする

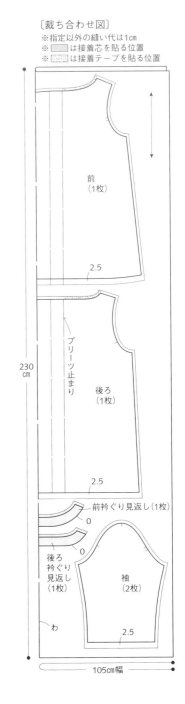

1. プリーツをたたむ

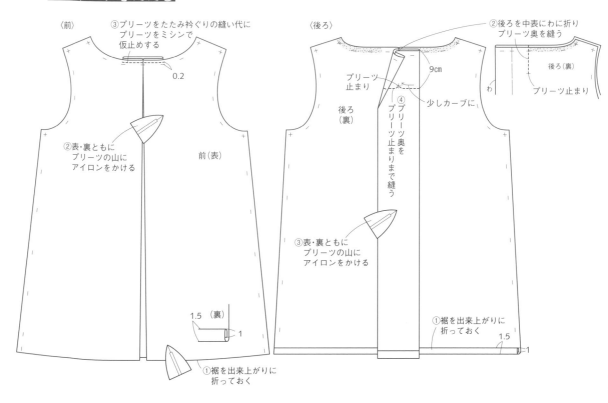

2. 身頃と衿ぐり見返しの肩を縫う

3. 衿ぐりの始末をする

6. 袖口、裾の始末をする

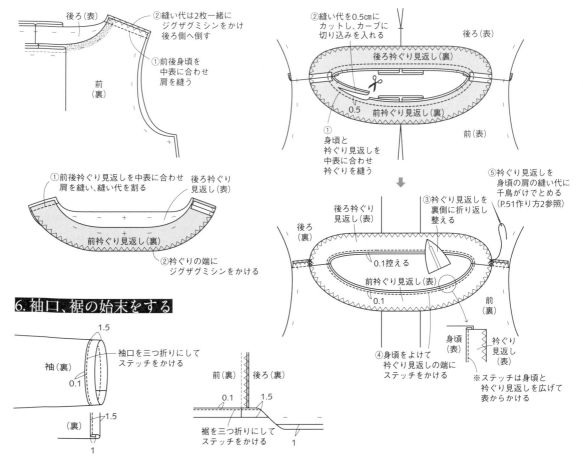

7b
ノースリーブシャツ【花刺しゅうのコットン】

花刺しゅうの布を全面に仕立てた清楚な一枚です。
そのまま着るのはもちろん、カーディガンからちらりとのぞかせても。
◎刺しゅうに合わせてパターンを裁断し、扱いもていねいに。

Photo p.37　実物大パターンB面

〈出来上がり寸法〉※左から9・11号サイズ
バスト…93・97cm　着丈…56・56.5cm

〈材料〉※9・11号サイズ共通
身頃：C&Sコットンプルメリア（ホワイト）
　…105cm幅（有効幅98cm）140cm
別布：コットンローン（ホワイト）
　…ヨコ50cm×タテ50cm
薄手接着芯…ヨコ10cm×タテ20cm
伸び止め接着テープ（薄地用）…9mm幅1m50cm
ボタン…直径1cmを1個

〔作り方順序〕
下準備　肩、脇の縫い代にジグザグミシンをかける
1　肩を縫う（→p.56作り方2参照）
2　衿ぐりの始末をする
3　脇を縫う（→p.59作り方3参照）
4　袖ぐりの始末をする
5　裾の始末をする
6　糸ループを作り、ボタンをつける
　（→p.59作り方6参照）

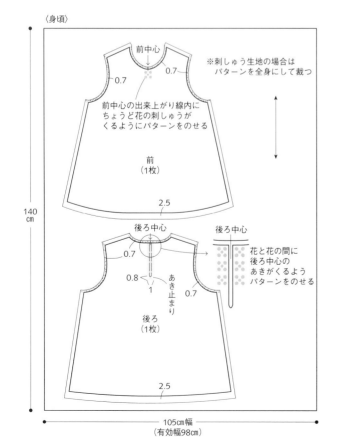

〔裁ち合わせ図〕
※指定以外の縫い代は1cm
※▨は接着芯を貼る位置
※▨は接着テープを貼る位置
※衿ぐり、袖ぐりバイアス布は図に示した寸法で裁つ

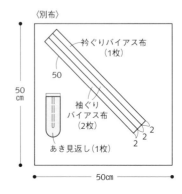

2. 衿ぐりの始末をする

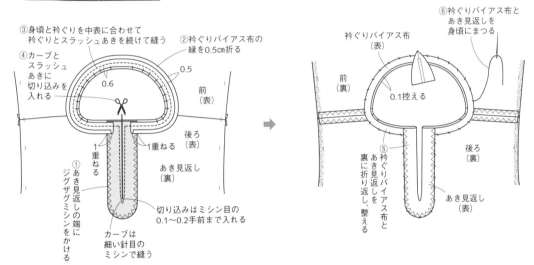

4. 袖ぐりの始末をする

5. 裾の始末をする

7a
ノースリーブシャツ【タックプリーツ】

きりりとした印象のノースリーブのシャツは
アイロンをしっかりかけてぱりっと着たい。

◎2本のタックプリーツがぴったり並ぶように正確にプリーツ奥を縫います。

Photo p.36, 42　実物大パターン B 面

〈出来上がり寸法〉　→7bと同じ

〈材料〉　※9・11号サイズ共通
C&S海のブロード（ホワイト）…110cm幅 130cm
接着芯…ヨコ10cm×タテ20cm
伸び止め接着テープ…9mm幅 1m50cm
バイアステープ（両折タイプ／ホワイト）
　…12.7mm幅 1m80cm
ボタン…直径1cmを1個

〔作り方順序〕
下準備　肩、脇の縫い代にジグザグミシンをかける
1　プリーツをたたむ
2　肩を縫う（→p.56作り方2参照）
3　衿ぐりの始末をする
4　袖ぐりの始末をする（→p.56作り方3参照）
5　脇を縫う（→p.56作り方4参照）
6　裾の始末をする（→p.56作り方5参照）
7　衿ぐり、袖ぐりのバイアステープを裏側に固定する
　（→p.56作り方6参照）
8　糸ループを作り、ボタンをつける
　（→p.59作り方6参照）

〔裁ち合わせ図〕
※指定以外の縫い代は1cm
※▓は接着芯を貼る位置
※▨は接着テープを貼る位置

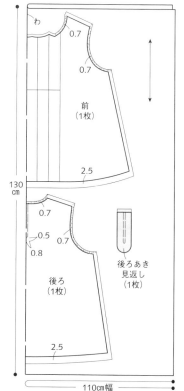

1. プリーツをたたむ

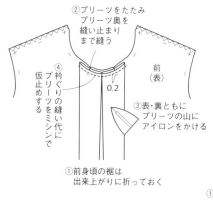

3. 衿ぐりの始末をする

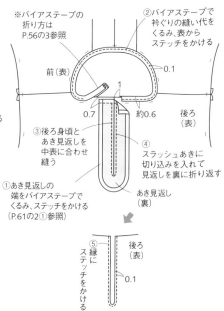

7c
ノースリーブシャツ【フリル】

フリルをたくさんあしらったシャツは着ると気分まで華やかに。
デニムを合わせてシンプルに着たい一枚。

◎フリルは糸を縮めたあと、両手でていねいに広げるように整えるときれいな形に。

Photo p.40　実物大パターンB面

〈出来上がり寸法〉→7bと同じ

〈材料〉※9・11号サイズ共通
身頃：C&Sコットントゥジュー（ホワイト）
　…110cm幅 130cm
別布：コットンローズペダル（ホワイト）
　…ヨコ90cm×タテ90cm
接着芯…ヨコ10cm×タテ20cm
伸び止め接着テープ…9mm幅1m50cm
バイアステープ（両折タイプ／ホワイト）
　…12.7mm幅1m80cm
ボタン…直径1cmを1個

〔作り方順序〕
下準備　肩、脇の縫い代にジグザグミシンをかけておく。7aの作り方2～6まで同じ。
1　フリルを作り、つける
2　糸ループを作り、ボタンをつける
　（→p.59作り方6参照）

1. フリルを作り、つける

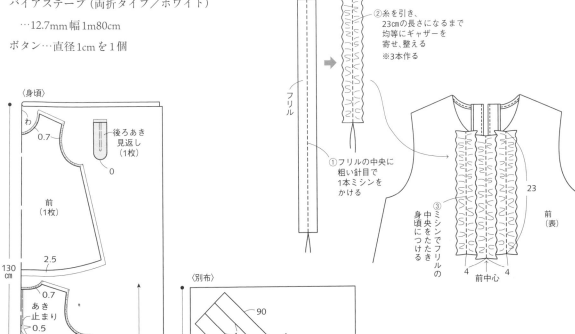

〔裁ち合わせ図〕
※指定以外の縫い代は1cm
※▨は接着芯を貼る位置
※▧は接着テープを貼る位置
※フリルは図に示した寸法でバイヤスに裁つ

8 ギャザースリーブシャツ

手を動かすたびに揺れる袖山のギャザーが、着る人の心を緩やかにしてくれます。洗いざらしでも様になる布で。

◎袖山は均等にきれいにギャザーを寄せて縫い合わせます。

Photo p.43
実物大パターンB面

〈出来上がり寸法〉 ※左から9・11号サイズ

バスト…121.4・125.4cm
着丈…58.8・59.3cm
ゆき丈…61.5・62.5cm

〈材料〉 ※9・11号サイズ共通
C&Sコットンパピエ（ホワイト）…105cm幅2m70cm
伸び止め接着テープ…9mm幅70cm

〔作り方順序〕

下準備　前袖山の縫い代にジグザグミシンをかける
1　後ろ身頃の袖山にギャザーを寄せる
2　袖山を縫う
3　衿ぐりの始末をする（→p.57作り方4参照）
4　袖下、脇を続けて縫う
5　袖口、裾の始末をする

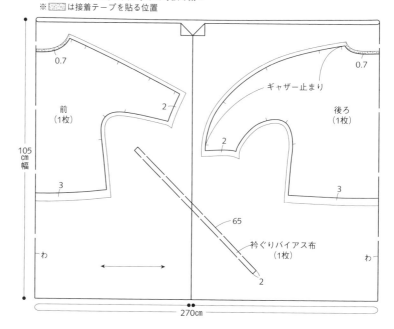

〔裁ち合わせ図〕
※指定以外の縫い代は1cm
※衿ぐりバイアス布は図に示した寸法で裁つ
※　　は接着テープを貼る位置

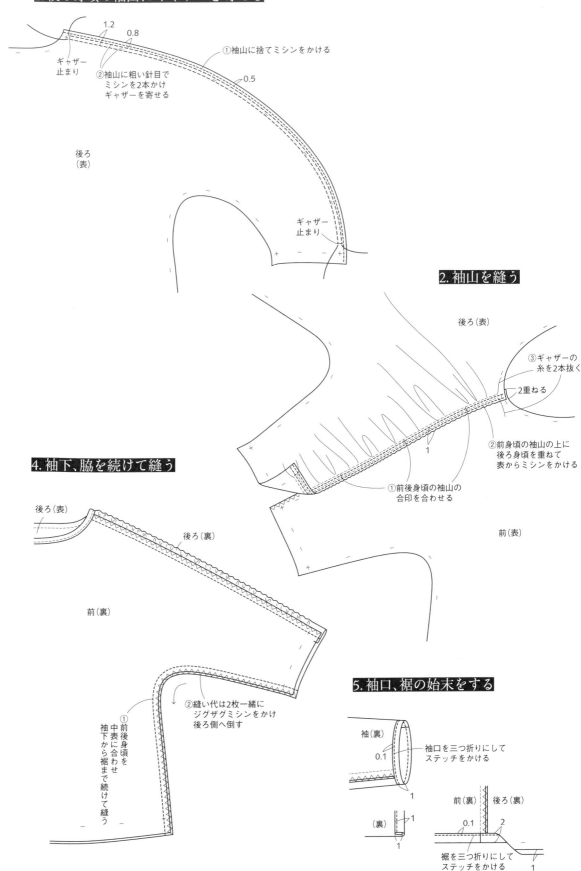

キャミソール

白いシャツの下には
肌に近い色のキャミソールを。
しっとりしたシルクの質感が
気持ちを豊かにしてくれます。

◎身頃をバイヤスに取っているので、裾は断ちっぱなしでOKです。

Photo p.45
実物大パターン A 面

〈出来上がり寸法〉 ※左から9・11号サイズ

バスト…85・89cm

着丈（肩ひもを含む）…65・65.5cm

〈材料〉 ※9・11号サイズ共通

シルクコットン…110cm幅100cm

〔作り方順序〕
1 ダーツを縫う
2 衿ぐりを縫う
3 袖ぐりを縫う
4 脇を縫う

＊シルクコットンの扱いは少し難しいので注意が必要です。アイロンは「絹」の温度設定で、ドライアイロンをかけます。また、糸調子はゆるめにし、やや細かい針目にして縫います。
慣れない方はリネンやコットンで作るのをおすすめします。目が粗い布を使うときは、裾始末をしてください。

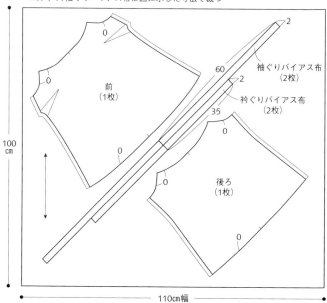

〔裁ち合わせ図〕
※指定以外の縫い代は1cm
※衿ぐり、袖ぐりバイヤス布は図に示した寸法で裁つ

1. ダーツを縫う

2. 衿ぐりを縫う

3. 袖ぐりを縫う

4. 脇を縫う

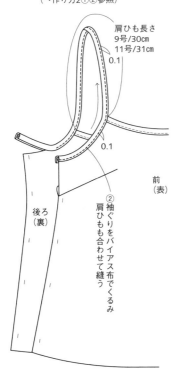
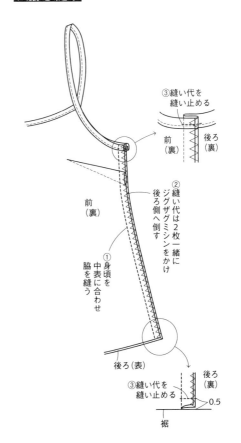

伊藤まさこ（いとう・まさこ）

1970年、横浜生まれ。文化服装学院でデザインと服作りを学ぶ。料理や暮らしまわりのスタイリストとして活躍する一方、旅や雑貨、好きな本やワードローブなどについての本を多数発表。おもな著書に『おやつのない人生なんて』（筑摩書房）、『あたまからつま先まで ザ・まさこスタイル』『白いもの』（マガジンハウス）、『伊藤まさこの針仕事』（文化出版局）、『ちびちびごくごくお酒のはなし』（PHP文庫）など。

アートディレクション・デザイン
須山悠里

写真
瀧本幹也

モデル
酒井幸菜

ヘアメイク
山邊裕之

パターン&グレーディング・作品製作・作り方解説
岸山沙代子

作り方トレース
沼本康代

型紙トレース
有限会社アートライン

生地協力
CHECK & STRIPE　http://checkandstripe.com
この本で使った生地は、CHECK & STRIPEの各店とオンラインショップにてお求めいただけます。

白いシャツを一枚、縫ってみませんか？

2016年3月25日　初版第1刷発行
2016年9月20日　初版第3刷発行

著　者　　伊藤まさこ

発行者　　山野浩一

発行所　　株式会社筑摩書房
　　　　　〒111-8755 東京都台東区蔵前2-5-3
　　　　　振替 00160-8-4123

印刷・製本　凸版印刷株式会社

乱丁・落丁本はお手数ですが下記にご送付ください。
送料小社負担でお取り替えいたします。
ご注文、お問い合わせも下記にお願いします。
筑摩書房サービスセンター
〒331-8507 さいたま市北区櫛引町2-604
電話048-651-0053

©Masako ITO 2016 Printed in Japan
ISBN978-4-480-87890-8 C0077

本書をコピー、スキャニング等の方法により無許諾で複製することは、法令に規定された場合を除いて禁止されています。請負業者等の第三者によるデジタル化は一切認められていませんので、ご注意ください。